엄마의 서재

임영희 시집

문학의전당 시인선
0290

엄마의 서재

임영희 시집

문학의전당

시인의 말

무슨 말인가 하고 싶어 낯익은 뒷모습을 오래 바라보았다.

내 시집은 몇 와트의 다리미일까.
독자의 마음을 다려줄 수 있는 만큼의 열은 가지고 있을까.

그 마음으로 기웃거리다가
작은 곳간 하나 지었다.

2018년 8월
임영희

차례　　　　　　　　　시인의 말

제1부

탱자나무　13
강의 문을 열다　14
봄 공작소　16
따뜻한 밥상　18
무화과　20
봉숭아 물든 저녁　22
엄마의 서재　24
빨랫줄에 걸린 노을　26
볼우물에 잠든 달　28
할머니의 반짇고리　30
호롱불 켜는 밤　32
마당가에 버려진 고무신 한 짝　34
공식 커플　36
감나무 다큐　38

제2부

진정한 보석　41
글라디올러스　42
아코디언　44
호미　46
주전자　48
이마엔 수평선　50
세레나데　52
클라리넷　54
타이어　56
잠자는 카페거리　58
메콩강을 꿈꾸다　60
카이로에서 꽃을 피우다　62
하모니　64
삼합　66

제3부

푸르른 명함   69
아버지의 서재   70
신발 흥신소   72
방패연   74
구명튜브   76
칼을 받다   78
감정재배농장   80
언어의 온도   82
다리미   84
가족달   86
풀잎 산부인과   88
빈 둥지 증후군   90
별관 주차장   92

제4부

물방울에도 가시가 있다　95
껍질을 찢다　96
수채화　98
구름의 신스틸러　100
이슬의 성분　102
보만 내는 여자　104
풀잎은 꿈꾸지 않는다　106
지갑 속에 사는 여자　107
비상계단　108
거위 날다　110
거미줄　112
나무의 장례식　114
마음의 거리　116

해설 | 모성적 가족사의 서정적 시 세계　117
　　　이종섶(시인)

제1부

탱자나무

탱자나무 억센 가시도
할머니 앞에서는
순한 가시가 되었다

가시를 코끝에 대고
콧김으로 소독하는 할머니

상처가 곪아 오르면
탱자가 노랗게 익을 때까지
기다리자고 하다가

소독한 탱자 가시로
곪은 고름 터트려 짜내 주었다

그 많던 상처
노란 탱자가 삼켜버렸는지
흔적도 없다

강의 문을 열다

닫혀 있던 대문을 활짝 열고 있는 강

하늘과 맞닿은 물 껍질에
배꼽을 만들어 영양을 주입했다
물의 피부에 수지침을 거침없이 놓았다

멀리서 달려온 비도
난타를 즐기던 빗방울도
순간 오물거리면서 금방 뭉친다

강물이란 이름을 동등하게 붙여주고
오랜 친구처럼 강줄기 따라
순리를 거스르지 않고
한 몸이 되어 돌아다닌다

넘치지도 부족하지도 않은
둔덕을 넘어
앞뒤 가리지 않고 삼켜버리기도 하는 홍수

가끔은 강바닥이 목마름으로
까만 통증을 느껴
몸값이 올라갈 때도 있었다

외줄 타기 즐기는 비를
말없이 받아내는 강은 감출 것이 없다

때때로 문을 걸어 잠그고
자신을 돌아보면서
내려가야 하는 길을 내려갈 줄 안다

봄 공작소

성수기에는 꽃 주문이 밀려
밤에도 공작소에 불이 꺼지지 않는다

봄을 이기는 겨울이 없다지만
그냥 만들어지는 계절이 아니다

노란 봄볕을 여기저기 뿌릴 때면
맨발의 각질을 뜯어내고
겨울을 벗기느라 신음을 뱉는다
그 소리를 감추려 봄바람을 부른다

아기가 어머니 밖으로 나오듯
송곳니로 껍질을 뚫고 나온 새싹들
나무껍질을 대패질하느라
아지랑이 땀이 흐른다

몇 날 밤 납품을 맞추느라
눈도 붙이지 못하고 완성한 산수유

노랗게 물들었다
꽃 아래 드는 바람도 그늘도 노랗다

봄빛 가득한 졸음을 쫓으며
끌로 수없이 쪼아댄 탓에
목련 속 고니의 부리는 얼마나 조마조마했는지
하얗게 질려 하늘만 쳐다보고 있는데

봄을 깎고 다듬어 내보낸 공작소는
짐짓 거친 성깔의 날씨만 걱정한다

내일은 기온이 더 오른다는 일기예보

따뜻한 밥상

칙칙칙 소리를 내고 딸랑딸랑 노래하는 밥솥

밥 냄새는 가슴을 따뜻하게 데워주고
고소한 참기름 향은 식구들을 불러 모은다
재잘거리며 음식을 먹다가 스치는 어린 시절

농번기 때 모내기 하러 온 아낙은
점심때쯤 아이를 근처로
꼴 베러 오게 해 배를 채워줬다

모내기를 마치고 논두렁에서 저녁을 먹는 여자는
국과 반찬으로 배를 채우고
병든 시어머니를 위해
머릿수건에 고봉밥 한 그릇을 싸곤 했다

예전의 밥 한 그릇은 곧 가족이었다
마음으로 지어낸 밥을
식구들과 함께 먹으면서 한마음이 되었다

아버지가 늦어 둥근 상에 함께 둘러앉지 못할 때면
아랫목 솜이불 속에 밥을 묻어두고
몇 번이고 사립문 밖을 내다보며
온기를 확인하면서 기다렸다

엄마는 밥에 반찬을 얹어 아이에게 먹여주고
아버지는 어머니가 좋아하는 생선을 발라 올려준다

밥은 서로를 연결하는 고리
마음을 나눠 먹는 것이다

무화과

내가 세상에 입적되기 전부터
수돗가에 자리 잡은 무화과는
꽃을 함부로 보여주지 않았다

많은 식구들의 눈빛 세례에
진달래 빛깔 입술을 벌리며
수줍게 이야기하기 바빴다

누군가의 입속에
달빛의 맛과 바람의 맛을
아무도 모르게 전해주었고
꽃의 맛도 우려내었다

내 차례가 오지 않아 아 에 이 오 우
입술을 풀지 않은
설익은 무화과를 따 먹었을 때는
입 안이 얼얼하기도 했다

어떤 음식 맛도 알 수 없도록
혹독하게 걸린 마술도
부드럽게 풀어주었다

꽃밭에 맨드라미 달리아 수국이
엄마랑 어우러져
풍경화 속 그림이 되어주던 그곳

잘 익은 무화과를 따면
엄마 젖이 뚝뚝 떨어졌다

봉숭아 물든 저녁

여름이 쏟아져 내린 꽃밭이 붉다

기둥 실하게 세우고
빨간 꽃 수북이 피어내어
불그레하게 낯붉히며 한여름을 깨물고 있다

담장 밑에 숨어 있는 이야기들
하늘과 땅을 잇는 햇살이 눈부시다

저녁노을이 마당가에 물들면
엄마와 단둘이서
봉숭아꽃과 이파리를 넣고 백반을 섞어 콩콩 찧었다

손톱 위에 곱게 올려
넓적한 수국 잎으로 싼 후
실로 꽁꽁 묶어주었다

잠버릇이 나빠 풀어지면

이불이 붉게 물들까 봐 비닐을 씌워 감쌌다

아침에 기지개 켜고 일어나면
손톱마다 붉은 해가 둥실 떠올랐다

열 손가락 활짝 펴면
손가락마다 피어 있는 봉숭아꽃

엄마의 서재

볕이 모여 노는 곳에 자리한 장독대는
엄마의 숨은 공부방

육덕진 엉덩이를 쳐들고 있던
두꺼운 항아리 전집
봄볕이 꼼지락거릴 때쯤이면
입 안 가득 하늘을 채운다

설이 지나고 손 없는 말날이 되면
엄마는 일 년 동안 공부할 책을
그 많은 항아리 속에 가득 채웠다

소금물을 찍어 책을 넘기면서
메주에 메모를 하고
지나가는 바람이랑 내려보던 햇살도 넣고
버선을 그려 책갈피도 끼웠다

볕이 놀러 오기 좋은 곳에 자리 잡은 장독대

그 옆에 흐르는 구름을 담고 있던 두멍
물구나무서고 있던 방구리도 꽂아두었다

햇볕을 필사하고
바람과 비를 피하는 법을 기록한
간장 된장 항아리
농익은 표지를 보여주고 있다

하얀 무명 지우개로 묵은 때를 닦아내며
힘든 마음에 평온한 글자를 간직했던 엄마

그 서재에서 간장 한 권
된장 한 권을 읽고 자란 나
자서전을 자식들에게 고이 물려준다

빨랫줄에 걸린 노을

햇살이 넉넉한 날
이마에 붙어 있던 주름살을 떼어내
풍광 좋은 파란 하늘 아래
밑줄을 쳤다

온 식구들 그 줄에서 일광욕을 즐긴다

오늘은 모두 함께 나가서 쉬자는 엄마
집게 핀 하나씩 예쁘게 꽂아주며
방구석에 주저앉을 생각은 하지 마란다

축축했던 마음
보송보송하게 말리느라 바람결에 춤을 추고
근육도 키우려고
주먹 꽉 쥐고 오래 매달리기도 했다

홍시를 으깬 물감으로 그린
노을을 배경으로

가족사진도 한 장 찰칵

엄마는 어둡기 전에 손을 흔들며
집으로 들어가자 한다

빈 빨랫줄만 마당에 남겨두고
방으로 들어가는데
잘 마른 빨래에 노을 향이 배어 있다

눅눅했던 모습은 온데간데없이
차곡차곡 한마음 되어 탑으로 쌓인 옷들

서랍에서 편히 쉰다

볼우물에 잠든 달

찬바람에 취한 밤
달이 동그랗게 살찌어주다 지쳐
볼우물에 잠든 날

안방에 누워버린 엄마는
다시는 우물물을 길으러 가지 못했다

고운 나이를 삼켜버린 탓에
푹 파인 울음 동굴 속에서
헤어 나오지 못했지만
우리는 엄마의 우물을 들여다보며 성숙해갔다

까치발 들고 달리는 눈보라도
우물을 얼려버린 겨울 추위도
거센 바람을 맞서며 견디어 나갈 수 있도록
늘 옆에 있어 주었다

볼우물에 잠들었던

달이 깨어난 날
말린 나물은 물을 머금어 부풀어 오르고
시루에 찐 찰밥과 함께 상에 올랐다

내 뺨의 보조개 속에
잠들어 있던 엄마가 일어나
활짝 웃는다

할머니의 반짇고리

13촉 백열등 아래 앉아
밤새 바느질하던 할머니

갈라진 손끝에 배접을 하고도
골무를 끼고
구멍 난 양말에 알전구를 넣어
꼼꼼히 온기를 박음질했다

자신을 위해 시간을 쓰지 않고
종일 쉴 틈 없이
일만 했던 할머니

손자들 뒷바라지에 힘겨우면서도
꾸벅꾸벅 하얀 광목에
색실의 숨소리를 수놓아

두루마기 치마저고리가 걸린 벽에
파리가 흔적 남기지 못하도록

횃댓보를 쳐두셨다

할머니 손끝에서 원앙이 날고
매화와 모란꽃이 피고 나비도 날아
방 안에 향기가 가득했다

그 반짇고리 속에 고이 남아 있는
은가락지 한 쌍

호롱불 켜는 밤

몹시도 차가운 바람 불던 날
정월 대보름 오곡밥을 다 먹기도 전에
당신은 집을 나섰습니다

언제나 그랬듯이 다시 돌아오리라
목 길게 뽑고 여기저기 기웃거리다가
지친 눈길 나누고 병원으로 향했습니다

온몸의 실핏줄마저 굳어버린 당신
가는 길 위에
핏빛 입김으로 몸부림치며
따스한 바람이라도 되고 싶었습니다

치미는 슬픔을
힘주어 삼켜봅니다

순박한 모습으로 미소 머금고
장에 갔다 오시는 어머니를

기다리는 마음으로
대문 앞에 서성여 봅니다

손에 잡히지 않는 짧은 추억
서로 소리를 전할 수 없어
가슴에 앉아 꼼짝하지 않습니다

어찌할 수 없어 그대로 받아들였던 나
부럼 깨듯 입술을 꽉 물어봅니다

내 마음속에 늘 살아있는 엄마
가슴 따스한 곳에 호롱불을 켜둡니다

마당가에 버려진 고무신 한 짝

혼자라는 슬픔보다
외로움이 더 무서운 고무신 한 짝

불 달군 송곳으로 앞코에 구멍 뚫은 정표
아직도 애틋한 짝을 그리워하고 있을까

텅 빈 마당가에서
처량하게 땟국물 뒤집어쓰고
할미 잃은 홀아비마냥
먼 산 바라보며
눈물만 가득 고여 있다

서로 앞서거니 뒤서거니
티격태격하면서
흘겨보던 눈빛도 그리워
처량한 얼굴로 대문 밖을 바라본다

꽃길 험한 길 함께 걸으며

배꽃처럼 하얗게 웃던 부부
짝을 잃고 외기러기 되었다

천생연분 맺던 날
집 한 채 얻어
댓돌 위에서 나란히 재잘거리던 날들
꽉 부둥켜안고
누구라도 부러워하게 잘 살자 약속했건만
영문도 모른 채 홀로 남았다

수척해진 고무신 한 짝
눈물 보이지 않으려 빗물에 얼굴 씻는다

공식 커플

미운 정 고운 정을
손톱만큼밖에 채우지 못했을 즈음
자식을 바라볼 수 있는 힘마저 잃은 어머니

아무것도 붙잡지 못하고
그냥 몸을 놓아버리셨네
아들 딸 살고 있는 낯선 서울로
외로움을 달래려 둥지를 옮기신 아버지

편치 못한 자리 탓이었을까
맨몸으로
어머니를 찾아 떠나셨네

아버지는 서울 근교
어머니는 고향 뒷산
너무 먼 곳에 긴 시간 동안 헤어져 지내셨네

마음 넓은 윤달의 축복으로

아버지 곁에 어머니 함께하셨네

직사각형 궁궐 위에
뗏장 이불 덮고 합방하여
윤기 나는 비석에 어머니 이름도 나란히 새겼네

너무 늦게 꾸민 신방
모든 것을 용서하는 윤달에
완전한 커플이 되셨네

감나무 다큐

떫은맛을 품은 채 배꼽만 남기고
발밑에 누워버린 풋감들
어미는 허공만 바라보며 살이 까맣게 탔지

떨어진 감들을 바라보며 하늘은 쳐다보지도 못해
벌건 조등만 내다 걸고

가을 지나 잎사귀마저 다 떨어진 가지에
주렁주렁 열렸던 자식들
이리저리 보내버리고
몇 개만 남겨졌다

쉬었다 가는 까치에게 다 내어주고
뼈만 남은 감나무

찬바람 핥으며
내년에 찍을 다큐를 준비하고 있다

제2부

진정한 보석

아이 콧등에 송골송골 맺힌
작은 땀방울들

초승달 눈썹 위에 번진
눈물방울들

풀잎 끝에 아슬아슬 걸친
이슬방울들

그것이 진정한 보석인 줄
아무도 모른다

글라디올러스

양지바른 울타리 아래에서
까치발 딛고 오보에를 연주했죠

주홍 선율이 울려 퍼질 때마다
꽃 한 송이씩 피어나고

휠 듯한 가녀린 멜로디 속에는
함께한 친구의 음이 흔들릴까 봐
하얀 선율로
순하게 소리 누르며
꽃받침만 되기도 했죠

노랑 빛깔로 물들인 머리카락 날리며
청순한 소리를 안고
입가에 미소를 보내며
가슴에 꽃을 피어냈지요

소녀들이 모여

한 대의 꽃을 피어내기 위해
분홍빛 드레스를 입고
클라리넷 고운 소리를 연주했던 날들

빨간 드레스 입고
끝내지 못한 커튼콜을 해요

아코디언

다랭이논 귀퉁이까지
풋봄이 찾아들 때면
콘서트 준비를 시작한다

허물 벗은 봄바람
주름 속에서
풍성한 소리를 찾아내느라
악기 손질에 분주하다

비탈길 따라
구불거리는 초록의 건반
날마다 윤기 나는 음색

저 아래 바닷가 지척까지
아코디언 품에 안고
비탈진 삶도 주름에 담아
바람으로 연주한다

하늘에서 비 긋는 소리로
코러스를 넣을 때면
파랗게 넘쳐나는 바닷물도
실바람 물고 춤을 춘다

햇볕의 박수갈채
황금이 쏟아지는 연주회를 마친다

호미

잡초보다 강한 아낙이 호미를 다룬다

흙담 뒤꼍에 걸린
대장장이 땀 섞인 호미 형제들
날카로운 자존심이 걸려 있다

세상과 어우러져 살며
머리는 둥글둥글 변해
4분음표 8분음표로 마디를 채우고 있다

수건 깊게 둘러쓴
다섯 여인들은 오선지를 그리며
콩밭에 잘못 그려진 쉼표 골라 뽑느라
하루해가 저문다

호미 날에 서러운 가슴 내어주며
딱딱한 땅 무르게 해 리듬을 타게 하고
호미 끝 무뎌지듯

고단함도 넉넉한 마음으로 삭인다

몇 이랑 남겨두고
석양과 함께 집으로 돌아가는 길
천 근 발걸음으로
식구 합창단 저녁 준비하러 가는 아낙네들

호미 씻으면 비 온다는 속담에
저만치 던져두고 손발 먼저 씻는다

주전자

배 둘레가 엄청난 사내

입이 워낙 커서 한 번씩 식사를 할 때면
누군가 쏟아부은 것들을
꿀컥꿀컥 삼켜버리면서도
너무 가늘게 배설하는 습관은
아무래도 대장이 이상이 있다는 것

도자기나 유리 주전자는
부딪히기라도 하면
모든 것을 포기해버리지만

양은 주전자는 찌그러지면서도
엄마가 나를 품었듯
몸속의 것들은 지키려고 애를 쓴다

찻물을 끓일 때면 목까지 차올려
입을 벙긋벙긋 침 흘리며 웃는다

열을 감지하며 행동 빠르게
끓여야 하는 사명

탁배기를 담기도 하던 양은 주전자는
볼 때마다 피식 미소 짓게 한다

어린 시절 막걸리 받아오라는
심부름 다녀오는 길에
무슨 맛일까 궁금해 홀짝홀짝 마셔보다가
술에 취해 비틀거렸던 일

장날이면 양은 주전자를 때우던
때울이 아저씨 배가 불룩했다

이마엔 수평선

소년을 넘어선 얼굴
청년기로 달리고 있는 이마에는
이병 계급장 하나

그 줄 하나에는
스스로 살아가야 한다는
책임감을 걸어두었지요
중요한 사람이라고
밑줄 쳐둔 것이고요

바다의 선장이 된 등대지기는
달빛 별빛이 스러질 때까지
초롱초롱한 눈빛 쏘아 올려요
눈 위의 눈썹달도 쉬지 않고
뱃길에 불을 켜지요

눈 깜짝할 사이에 맞이한 석양
이마의 악보에

지난날들이 그려지고 있어요

입꼬리 올리고 눈웃음치며
잔잔한 노래를 부르는 당신의 얼굴
주름살도 아름답게 빛나요

때로는 아무것 없어도
흔들리지 않는 줄 하나

가장 아름다운 수평선이 걸려 있어요

세레나데

어릴 적 초등학교 입학식 날
파란 손수건에 노란 리본을 단 소녀

바다에서 빛이 되어주는 법을 배우기 시작한
여덟 살 소년 소녀는 분홍 리본을 달고 있었다

8럭스의 빛을 발하는 소년과
파도의 몸짓에 따라 춤을 추며
학예회를 즐겼던 소녀

사춘기 맞을 때쯤
14럭스의 바다에서
또다시 뱃고동 소리를 들었다
등대와 파도의 두 번째 눈 맞춤

27럭스를 밝히는 세레나데에
귀를 활짝 열고 듣다가
파란 바다로 함께 나아가 보자고 약속한

새해 다음날

천리안이 되어
파도와 돛을 조절하고
항해하는 배들을 품기 시작했다

갈매기 두 마리 훨훨 날고
불빛은 암초를 비켜가도록
수평선을 넘고 있는 밤

이 빛이 꺼지는 날까지 서로의 등대다

클라리넷

검은 정장에 하얀 와이셔츠를 입은 남편
사이사이 흰 단추를 누르면
멋지고 세련된 소리

우아한 연주를 즐기고
녹슬지 않도록 닦아주며
최고의 파트너로 내 곁에 두었다

역량이 부족한 탓인지
욕심이 많은 탓인지
원하는 소리를 내지 못할 때도 있다

부드럽고 아기자기한
설렘의 파장을 느끼고 싶지만
거친 소리를 낼 때면
미워하기도 한다

연습을 충분히 했다면

한없이 좋은 소리가 날 텐데
방법이 서툴러
금방 어색한 소리를 낸다

고된 연습 끝에
조심스럽게 연주하며
설레는 마음으로 앙상블을 기다린다

타이어

모나지 않은 동그라미 속에
흩뿌려진 흔적들

그 속에는 속기사가 살고 있어
무엇 하나 빠지지 않고 기록한다

멈췄을 때는 한없이 조용하다가도
달릴 때는 사람의 생각을 움직여준다

원하는 곳으로 보내
마음을 순화시켜주면서
빙글빙글 잘도 돈다

노래를 부르기도 하고
아슬아슬하게 서커스를 즐기기도 한다

자서전을 집필 중인 타이어
몸에 담긴 이야기가 소중해

몇 번이고 되풀이하며 돌다 보면
어느덧 타이어는 길을 만든다

오늘도 돌고 돌리며
바쁘게 움직였던 하루
말랑한 소리를 이력에 채워 넣는다

잠자는 카페거리

무기력하게 졸고 있는 가평의 이차선 도로

두물머리로 흘러가는 강줄기에는
꾸무럭한 물안개가 돌아다니고

양쪽 길에 즐비하게 서 있는
궁전 같은 건물들은
사람 냄새마저 기억하지 못한 채
넋 빠진 모습으로 어둠을 빨아들이고 있다

라이브 뮤직하우스 앞에
주인의 팬들이 세워둔 흉상은
노래를 부르다 지쳐 연신 하품만 하고

별들이 운영하는 카페에는
바람 요금고지서며 달빛 우편물들이
관심 받지 못한 만큼이나 빛바래져 있다

주인이 없는 출입문 앞에
관절 풀린 소리만 삐걱거리고 있다

멀리서 들려오는 봄의 노랫소리
가평의 이차선 도로를 깨우고 있다

메콩강을 꿈꾸다

고향 친구들이 모여
우리끼리 비행기 한번 타보자는
수다가 시작되었다

소녀 시절의 파릇함이 단추를 풀고
누에고치 실 뽑아내듯
여행 이야기로 밤을 새웠다

멀지도 않으면서
가깝지도 않은 곳으로 가기로 했다
비행기를 타고 날아오르는 날만 기다렸다

여행이 시작 되는 날
비행기가 엄마 품이 되어
들뜬 우리를 꽉 껴안고서
날갯짓하는 것을 보았다

꿈과 열정이 가득한 나라

라오스의 메콩강 밤하늘에는
외갓집 마당 멍석에 누워 바라보았던
그 별들이 옹기종기 모여
옛날이야기를 하고 있었다

출렁이는 강변에서 우리는
모히토 칵테일 한 잔에 가슴을 적시고
발을 비벼대며 젊음을 살리더니
폭죽 같은 불꽃을 피워 올렸다

준비하며 한 달 다녀와서 한 달
여행의 즐거움이 건강한 나를 만들었다
또 다른 메콩강을
기다리며 산다

카이로에서 꽃을 피우다

우리는 가슴으로 여행하자
다리가 여행에 방해될 때는 너무 늦은 것이다

가까운 곳은 잘 보관해두고
여름휴가를 받으면
먼 나라부터 여행을 시작하자

비행기가 이집트로 날아갔다
타슈켄트 국제공항에서 머물렀다 가는
두 시간이 참 좋았다

그 나라를 살짝 맛보는 상큼한 커피 향을
가슴에 주유하고
다시 하늘을 날아간다

비행기 날개는 바람을 연주하는 활이 되어
아라베스크의 썸원 이스 워싱 포 유를
장시간 연주하고 있었다

끝없는 나일강을 내려다보다가
카이로의 흙을 밟았다

하얀 교복을 입었던 여고 시절
한 달에 한번 꽃물이 비쳤던 소녀는
타국에서 맞은 생일 아침에
즉석 미역국을 선물 받은 중년이 되어 있었다

수십 년 피워냈던 붉은 달꽃을
마지막으로 이집트에서 피운 것이다

삼천 년 전에 왕비가 사용했던 생리대를
카이로 박물관에서 보았다
그곳은 이제 나의 박물관이 되었다

돌아오는 비행이 가벼웠다

하모니

시간을 보듬고 채색하던 산
회색빛 밍크 두르고
도도하게 누워 있다

나무들은 입었던 옷 벗어버리고
하늘에서 내려준 하얀 드레스를 입고
눈부신 여신이 되었다

고요함이 머무른 앞동산에는
바람꽃이
눈꽃이
온몸을 휘감고서 피고 지고

해질녘 노을은
홍시 으깬 물감으로 색칠하고
땅거미 사이 불빛들은
잿빛 건물들에게
빛바래기하며 검은 밤을 불러온다

바람도 잠든 골목길
연한 달빛 비춰고
간간이 떠 있는 별빛 불러 이야기 나눈다

그릴 수 없고 꾸밀 수도 없는
스크린이 스치고 지난다

삼합

 입술과 한판 붙는다 진 자가 이긴 자임을 확인해주는 삼합, 재료에서 이문을 뺀 계절의 맛난 홍어와 여유의 양념 한 가지를 더 넣는다 삼겹살은 몸에 윤기를 내고 시간을 같이할 동반자를 기다린다 묵은지를 불러들여 보쌈을 한다

 저녁 바람을 쏘이며 밤바다를 흥얼거리면 따끈한 피가 흐른다 일상에 지쳐 터져버릴 것 같았던 활화산의 분화구는 편안한 풍경 속에 잠든다 빛을 산란하여 고운 빛깔 연신 퍼 나르느라 말랑해지는 밤바다, 빛을 맞이하는 것은 내 맘대로, 밤은 황홀경에 잠을 축내고 있다

 지나칠 뻔했던 이야기를 쪼개며 선율을 뜯어 황금을 캐냈다 닫힌 문 열어젖혀 쏟아져 들어온 사랑의 실타래를 밤새 감는다 실 꾸러미로 그물을 짜 물고기 잡으며 한참을 실눈이 되어 끌어올릴 때면 만선이 된 배는 묵직하고 벙긋거리는 입술에 부표가 둥둥 떠다닌다

제3부

푸르른 명함

손바닥보다 작은 텃밭에
씨앗이 싹트고 있다

몇 이랑 되지 않는 곳에
이름 주소 전화번호를 뿌리고
약력과 잘 섞은 흙을 덮어두었다

단맛 나는 딸기 토마토 상추 치커리
신선한 채소로 메일을 쏟다

이웃과 인사 나누며
서로 정보를 교환하며 일궈가는
기름진 경력

공들인 만큼
날마다 푸르러 가는 나의 텃밭이여

아버지의 서재

책등을 자신 있게 드러내는 책이
숲속에 빼곡히 꽂혀 있다

새들과 동물들이 날마다 공부하러 오는 서재에는
뻐꾸기가 하루의 시작종을 울렸다

아버지는 산을 꼼꼼히 읽으면서 페이지를 넘기면
삶의 고달픈 문제도 풀 수 있다고 했다

내가 초등학생 때
책 속으로 향기를 물어 나르는 바람이 놀러올 즈음
묵정밭에 수백 권의 책을 심었던 아버지

넓적한 바위 백과사전은
바라볼 때마다 듬직하게 살라고 일러주면서
저 아래 우리 집도 보여주고
햇볕과 바람도 읽게 해주었다

산등성이에 책이 높이 쌓여 갈 때
아버지는 그 책들을 읽으려고 깊은 숲으로 들어가
서재에서 더 이상 나오지 않았다

구름을 붙잡아 그늘을 만들어주며
이야기 나누던 산은
아버지와 함께 도서관을 꾸몄는지

손수 꽂아두고 읽던 책들이
연둣빛으로 봄을 알리며 진초록이 되었고
단풍 들어 눈꽃을 피워냈다

아버지는 언제나 숲 공부 중
불은 꺼지지 않았다

신발 흥신소

문을 여는 순간
내 모습에 집중하는 신발들

무슨 옷을 입었는지 색깔은 무엇인지
눈빛을 발사한다

어쩌면 나의 사생활에
관심을 갖고 있는지도 모른다

세일하는 가게에서
빨간 끈을 시원하게 걸친 샌들을
몇 번이고 신어 보며 면접을 했다
예쁜 스타일이
내 발에 충분히 도움이 될 것 같아
구두 한 켤레 더 채용해
문 앞에 자리를 만들어주었다

고개를 쭉 빼고

묵직하게 분위기를 살피는 콤배트 부츠
먼 길을 다니며
견문을 쌓은 때문인지
주인의 사랑을 받아서인지
앞코가 유난히 빛나 보인다

신발들은
내가 뽑은 홍신소 직원들
성실하게 훈련을 시킨다

사무실에 직원들이 가득하다
수습사원들은
눈에 불꽃을 튀기며 일하겠지

방패연

줄 끊어진 연 하나
어디에선가 날아와 전봇대에 걸려 있다

몸뚱이에는
미싱사 00명
시다 00명
실밥 따실 분은
초보자도 환영이라고 쓰여 있다

하얀 꼬리 몇 가닥에 적혀 있는
휴대폰 번호들
지나가는 바람의 눈짓에
알은 체하며 펄럭거린다

수없이 붙었다 떨어졌다 한 흔적
명당자리를 뽐내면서
앞서 붙인 광고지 자국을 덮고 있다

누군가 저 꼬리를 다 뜯어가는 날
지상으로 추락해 마지막 날을 맞이할 것이다

방패연이 붙어 있던 자리에
남아 있던 상처들
딱지가 아물어 떨어질 때쯤

바닥에 누워 있는 구인광고를
고개 흔들며 읽고 가는 바람

구명튜브

호수 가장자리 군데군데
커다란 도넛이 한 개씩 걸려 있다

여러 명이 먹어도
배불리 먹을 만큼 크다

잘 튀겨진 구릿빛 도넛
몹시 뜨거운 곳에서
가라앉지 않고 떠올라
살아남은 근육질이다

눈에 잘 띄는 색깔의 옷을 입고
비바람이 불어도
물가에서 놀거나
오리배를 타는 사람들을 지켜보느라
한눈팔 시간이 없다

물속에서

허우적거리는 사람이 있다면
언제라도 몸을 던지겠다는 각오

햇볕에 타 벌겋게 달아오른 얼굴
달빛을 하얗게 바른 밤에도
호수만 바라보고 있다

칼을 받다

납작 엎드려 온몸을 내어준다
작품이 준비 되는 도마

맛있는 음식을 만든다는 이유로
날카로운 칼에게
등뼈를 얻어맞는 아픔을 겪는다

화가 나서 내리칠 때면 등이 움찔움찔
깊은 주름이 파여
도마에 검푸른 독이 퍼진다

등짝을 지켜내기 위해 생긴 상처
등골 빠지는 아버지

마당가 햇살에 몸 말리는 날
젖은 등 찬찬히 비춰보면
힘든 나날 가꾸어 둔 배추밭
노란 장다리꽃의 기억

출렁이는 푸른 바다 파도 소리 간직한 흔적

고단한 도마가 쉬고 있다

감정재배농장

감정을 재배하는 농장은 몇 평이나 될까

머릿속은
얼마만큼의 두께를 가진 감정의 수로를 깔고 있을까
석 달 열흘 붉게 웃고 있는 백일홍은 잘 살고 있을까

해바라기는
사모하는 마음을 해와 주고받아 한 됫박 씨앗이 꽉 차게 여무는데
바라보는 사람에게서 거둘 것은 얼마나 될까

백년을 산다 해도 윤달 25일 덤으로 받아 36,525일

몸과 마음 아프고 상처 받은 날 빼면
며칠이나 꽃 같은 삶을 살까

같은 흙 같은 온실 속에서 자란 묘목에
맛난 과일 열리도록 거름을 듬뿍 뿌려주었을까

농장에 열매가 주렁주렁 열리는 날

저녁노을만큼이나 근사한 풍경이 그려지겠지

언어의 온도

가슴에 보관한 씨앗을 뿌리고
무늬를 찍어내는 말

오지랖을 품고 사는 온도는 따스하다
측정기가 달라
빙판이 될 수도 있고
불씨가 되기도 한다

아이 울음을 그치게 해주거나
무거운 마음을 받아주는 것이
알맞은 온도

뜨거운 말을 다 쏟아버리고
종이꽃이 된 노인
온몸의 진이 다 빠져버렸을까

자식에게 걸려온 한 통의 전화
식었던 가슴을 데워준다

다정하게 건네주는 귀엣말은
탱글탱글한 대추처럼 살이 차올라
가슴속 봄볕을 꺼내 새싹을 틔운다

다리미

몇 와트의 전류가 흐를까

지나치게 뜨거운 마음에
오지랖이라는 단어가 나와 함께 살고 있다

쓰다 남은 열처럼
맛없고 멋없이
그저 그냥은 참을 수 없다

뒤돌아보는 습관이 생긴 요즘
주름이 잘 가는 면 소재도
높은 열로 다리면 반듯할 것이라는 생각은
어리석음이었다

열이 전달되지 않는
다림질을 할 수도 있을까

가슴속에서 지각 변동이 일어났다

스스로의 가슴을 1순위로 하자

채워지지 않는 일상의 말
남의 구김까지 펴려 하지 마라

모든 것이 내 탓
적정 온도로 주름을 잘 펴보겠다고
스팀을 품어내며 다리기 시작한다

구겨진 마음이 다려진다

가족달

카렌다 안에 365개의 별들이
이지러지고 살찌우며
열두 개의 보름달을 품고 있다

붉게 물든 단풍이
탯줄을 떼고 날아갈 즈음
새해 달력이 들어왔다

가족들의 기념일에
달덩이를 그렸더니
도톰하고 더 밝은 카렌다가 되었다

큰아들에게
아이가 생겼다는 소식을 듣고
출산일에
정월 대보름달보다 더 큰 달을 그리고

둘째 아들 장가드는 날에

한가위보다 더 밝고 풍요로운
둥근 달을 장식한다

즐거운 일이 가득해
날짜마다 동그라미를 치고
달을 그려 축하의 날로 기록했으면

한 장 남은 달력이
마음을 설레게 한다
가슴에 기록되는 빨간 날들
별이 유독 밝은 계절이다

풀잎 산부인과

맑은 바람이 불어오는 밤
이슬이 탄생하기 시작했다

아침 햇살이 막 일어나 눈 비비면서
수정처럼 영롱한 빛을 더욱 찬란하게 해준다

신랑의 따스한 손을 잡고 온 신부는
풀잎 산부인과에서 몸을 풀었다

갸름한 풀 가장자리에 대롱대롱 매달린 물방울은
몽실몽실 고물대는 옥구슬로 태어났다

밤마다 새근새근 잘 자고
낮이면 방긋방긋 웃는 모습이 천진하다

동그랗게 손을 쥐었다 폈다 잼잼 놀이하는
말간 옹알이 소리 청아하다

초록빛 가운 입은 따스한 의사는
산모가 출산할 이슬 받느라 땀을 뻘뻘 흘리고

축하객이 가득한 풀잎 산부인과
한없이 설레는 계절이다

빈 둥지 증후군

썰물이 새겨놓은 모래톱에 물새는 날개 접고
먹이 찾아 하염없이 걷는다

밀물이 지워버릴 것은 생각도 못하고
긴 그림자 친구랑
젖은 발자국으로 흔적을 남긴다

바다는 온통 노을빛을 받아내고
어둠은 살금살금 다가오는데
둥지가 보이지 않는다

알을 깨고 나온 새끼들은
자기 둥지를 찾아 날아가 버리고

수없는 파도를 겪으면서
그곳을 지키기 위해
똬리 틀며 뱅뱅 돌고만 있다

노을이 질 때면 먼 수평선 바라보다가
오늘도 스러져 간다

훨훨 날아보려 하지만
고인 눈물이 너무 무거워
허기진 석양에 백사장을 무작정 걷는다

별관 주차장

별관에도 자동차가 꽉 차 있다
본관에 차 세우기는 하늘에 별 따기
임시 주차장이라도 차를 세워보겠다며
돌고 돌아봐도 빈자리가 없다
기름은 떨어져 가고 시간은 꽉 차 오는데
눈을 떼지 못하고
핸들과 한 몸이 된 사람들
젊음이 눌어붙어 다 닳은 타이어다
부모는 가슴 태우며
겨우 지탱하고 서 있는 망루에 앉아
세상을 내려다보며
언제 함께 모여앉아 웃음꽃 피는 날 있으려나
주차장 출구만 바라보고 있다

제4부

물방울에도 가시가 있다

둥글둥글한 눈물방울도
짜디짠 씨앗 하나쯤 품고 있다

아픈 상처 스스로 치료하고 기다리면
독한 가시 물러지는 줄 알았는데

뱉어낸 말에 찔려
눈물 소금 먹다 보니 바늘 하나 돋았다

물방울이 떨어져 찢긴 시간들이 깃발을 단다

파랗게 달려든 가시광선은 나뭇잎을 주시하고

새 한 마리 우듬지에 앉아
물방울 꿀컥 삼키고 날아간다

돋아나려는 가시 꼭꼭 밟았다

껍질을 찢다

봄은 껍질을 찢고
작년의 볕을 비싼 값 주고 찾아왔다

개나리 진달래 목련 꽃들
비슷한 색깔의 나뭇가지 살 찢어내어
노랑 분홍 하얀 색깔 꽃으로 잘도 피었다

봄비가 그 꼴을 못 보고
거센 바람이랑 어깨동무하고 와
꽃잎 찢어두고 가버렸다

너무 하해 가슴 시린 백목련
누런 상복 갈아입고 곡하는 소리에
먹구름이 덮이고 있다

허공을 찾아가 따져보지만
다시 만날 수 있을 거라며
햇살 한 아름 안겨주고 돌려보낸다

봄볕을 여기저기 널어둔다
한 겹씩 벗겨진 껍질에
노랗게 부풀어 오른 봄을 담는다

수채화

봄의 포물선은 해를 잡아당겨
구석진 마을에 빛을 들여놓는다
수평선에 묶여 있지 않는 해
봄기운을 확 밀어 올린다

조용히 걸어오는 바람에 귀 열고
노란 향기가 봄볕에 눈 씻는다

계절을 건너는 소리가 들린다
햇볕 듬뿍 앉은 자리에 연분홍꽃 노루귀
갈잎 이불 걷어차고 앙증맞게 내다본다

밀려나는 겨울이 서러워
쫓고 쫓기는 바람이 퍼런 날 세우고
꽃샘바람으로 해코지해도

양지바른 뒤뜰에는 냉이랑 달래가
작년에 앉아 있던 곳에서

기지개 켜며 쑥쑥 올라오고

볕이 길어진 만큼 온몸에 햇살을 버무리며
창가에 앉아 자울자울거린다

나뭇가지는 봄을 빨아올려
팔레트 칸칸이 물감을 채운다
봄의 포물선 안쪽이 더욱 진해진다

구름의 신스틸러

하늘을 배경으로 떠도는 구름
자유분방한 모습에
성격과 기질이 꽉 차 있다

수많은 관객 앞에서
영화를 상영하면서
자신의 표정연기와 내면연기를 보여준다

파란 가을 장면에서
눈부신 태양의 조명을 받는
구름의 신스틸러
새털구름과 동물들이 되어
마음대로 상상하는 배역들이 출연한다

나이아가라 폭포를 촬영하다가
땅으로 뛰어내리는 구름의 액션

장면에 따라 움직이는 맑은 날을

흐리거나 비 오는 날로 찍는 것은
구름의 몫

마음을 훑는 구름 아래서
관객이 되고 배우가 되어
명작을 관람하고 있는 사람들

끝날 줄 모르는 스토리
하늘을 달리는 구름은
천만 영화를 향해 롱런하고 있다

이슬의 성분

햇볕이 놀고 간 뒤의 그리움은
꽃노을이다

쨍쨍 내리쬔 볕이
풀잎과 마음을 주고받을 때
달달함이 한 아름

마음 열지 않으면 그냥 물일 뿐

작은 이슬은
바람과 맞서면서도 두려워하지 않는다

맨발로 뒹굴며
풀잎이랑 시소놀이를 즐긴다

절반은 물 절반은 풀
작은 흔들림에도 몸 하나 가누지 못하는
연약한 이슬

새벽잠을 포기하고
새벽길을 걸어야
바지자락 끝에 한 모금 머문다

부신 햇살로 새날을 그리는
여린 그리움

이슬 속에 가득하다

보만 내는 여자

방정식만으로는 풀 수 없는 삶

인간의 깊은 곳에 자리하고 있는
유전자 탓인지
주먹을 내거나 가위를 내는 사람들 틈 속에서
보만 내며 산다

편안한 뜻을 만들어보겠다는 그녀
가위에 잘린 상처 꿰매고 이어 붙여
멍석으로 펼쳐놓으면

꽃피고 새가 노래하는 놀이터가
만들어진다고 생각했다

보자기로 감싸줄 수는 있지만
주먹을 깨어 버무리기가 어렵다
때로는 인수분해도 하고
미적분도 풀어야 한다

구깃구깃해진 가슴을 다리며
거친 바람과 걸었던 지난날

기분 좋은 선물을 풀어볼 때처럼
살고 싶은 여자는
자신의 보자기가 손수건에 불과함을 안다

지금까지의 삶이 연습이었길 바라는
어리석음을 버리고
가위 바위 보에 충실할 때

빈 들판에서 가슴을 말리며
손가락을 쫙 편 보자기 두 개

자기 마음을 꽉 보듬는다

풀잎은 꿈꾸지 않는다

자신을 너무 잘 알기에 그냥 뿌리만 묻고 살지

바람이 지나가다 말 걸어주면 가만히 끄덕여주고
볕이 내려앉아 주면 한 뼘만큼 자라
진초록 옷으로 갈아입지

새들이 지저귀는 소리에 너울너울 춤도 추며
그때그때를 지내지

새벽이슬이 또르르 굴러오면 거울 삼아 눈곱도 떼고
얼굴 비춰 머리도 빗지

팔다리가 밟혀도 벌러덩 누워 그저 웃기만 하지

봄 여름 가을 구경하다 겨울이 오기 전
뿌리라도 남겨두고 떠나면 잘산 것이지

지갑 속에 사는 여자

열 살쯤 어린 처녀가 샛노란 색깔의 네모난 집을
혼자 지키며 살고 있다

문도 잠그지 않은 좁고 컴컴한 방에 세종대왕과 율곡 이이의 셔츠 몇 장
차곡차곡 수납되어 있지만

외출할 때면 제일 먼저
가방의 중요한 곳에 자리 잡고 든든한 보디가드가 된다

북쪽 개성 문이 열렸을 때 너무 젊은 모습이어서
벌금을 낸 적이 있다

열 살쯤 많아 보이는 여자 신사임당이 레깅스를 입고
클럽을 향하는 밤
지갑은 하룻밤 침대가 된다

비상계단

아파트 1호와 2호 사이
수많은 계단
위에서 내려다보면 악어 이빨이다

청소하는 악어새는
날마다 이빨 사이 찌꺼기를 빼내며
광이 나게 닦고 있다

언제라도 찾아올지 모르는 손님을
물어뜯지 않도록
신주를 모시고 있다

입을 쩍 벌리고 있지만
청소해 주는 악어새는 물린 적이 없다

계단을 오르는 사람들이
악어에게 물릴까 봐
천장에 매달려 지켜보던 낮달

깜짝 놀라 긴장하라며 눈을 부릅뜬다
다녀간 사람 수대로 밝혔다 꺼졌다 반복한다

엘리베이터에 이상이 생겨
힘든 계단을 어쩔 수 없이 오르내리다가
아이들이나 노인들이 넘어져
물리기도 한다

악어는 오늘도 악어새와 함께 이빨을 닦고 있다

거위 날다

몸통이 없이 나는 날개
셔틀콕 되어 허공을 날아오른다

딱딱한 몸뚱이에 타원형의 긴 털
빗금을 그으며 거위는 난다

네트 하나로
경계를 만드는 시간
누군가 야멸차게 땅으로 추락시켜야
환호할 수 있다

서로의 공격을 긴장하며 받아낸다
상대방이 보낸 메시지를 순간에 읽고
가차 없이 답장을 보낸다

평생 날아보지 못한 거위
가볍게 하늘을 날아 오른 순간
깃털이 뽑히던 그때를 기억하며

가슴 움찔

살아있는 깃털로는 날지 못했다
죽어서 날게 해주는 깃털

죽어서 나는 새가 있다

거미줄

누가 봐도 뇌경색에 걸려 있다

인터넷 통신선 전깃줄에 케이블선까지
얼기설기 곡예를 하고 있다

전단지와 스티커가
덕지덕지 붙은 회색 기둥 하나를
겨우 붙잡고 있다

도심 속에
과거로 버무려진 낮은 처마 속
갈색 책방 간판에는
전신주에서 축 처진 선이
오랜 피로감으로 늘어져 있다

그 노인은 어디에 있을까
관리하지 못해 어질러진 집이 위태롭다
언제 끊어질지

언제 송두리째 사라져버릴지

다닥다닥 붙은 주택
갈라진 시멘트길이
하늘의 거미줄을 올려다보며 공포에 질려 있다

나무의 장례식

사람의 장례식에 꼭 초대되었던 나무

인간이 흙으로 돌아갈 때
직사각형 집을 지어
누구도 같이 해주지 못하는 곳을
끝까지 함께 해준 것은 나무였다

높은 하늘을 향해 물 길어 올리며
근육을 키워낸 듬직해진 몸뚱이
죄명도 모르고 톱질로 사형에 처했다

한 발짝도 움직이지 않고
바람이 하자는 대로 계절이 하자는 대로
순하디순하게 우직함으로 살았지만

날카로운 이빨을 가진 저승사자는
억세게 물어뜯어 실신시키고
내 나이를 하늘에 공개했다

함께했던 사지를 냉정하게 잘라내어
아픈 눈물을 채 지우기도 전에
굴러 내려와야 하는 형벌을
장례 절차라고 했다

건물의 기둥이 되고
옷걸이가 되고 대문이 되어
사람들과 함께하는 물건이 되었을 때
나무는 완전한 장례식이 치러졌다고 한다

죽어서도 기둥이 되어
서 있는 것을
영광의 훈장으로 생각하고 있다는
소문이 들렸다

마음의 거리

생각이 다른 사람들과 마주칠 때면
충돌을 일으켜 무너지고 파이기도 하지만
알맞은 거리를 두면
부딪히지 않고 무난히 살아간다

몸이 너무 가까워도
상처를 주고받을 때가 있다

곁을
준다는 것

그것이 비록 느낄 줄 아는 자의 몫이고
표현할 줄 아는 자의 여유일지라도

끝내 마음의 거리는 몇 미터인지 잴 수가 없어
어림짐작으로 덮으며 산다

해설

모성적 가족사의 서정적 시 세계

이종섶 시인

  임영희 첫 시집은 가족에 대한 시가 많다. 어떤 시는 실제로 있었던 일을 다룬 것이고 또 어떤 시는 문학적으로 재구성했거나 발상을 통하여 가족이라는 문학성을 추구한 것이다. 그중 가족의 실제적인 이야기는 말할 것도 없거니와 문학적 허구를 통한 가족 형상화까지도 임영희의 시 세계 안에서 추구하는 근원적인 가족애를 보여준다.

  가족에 관한 시 중에서도 어머니에 대한 시가 많다. 이것은 임영희가 가지고 있는 서정의 토대인 동시에, 첫 시집을 통해 그 서정의 실체에 의해 형성된 정서들을 드러내거나 해소하거나 풀어버리는 문학적 의식이요 통과의례다.

  그러므로 임영희의 가족성, 그중에서도 모성에 대한 서정은 한 인간이 어떻게 살아왔는지, 또 어떻게 살아갈 것인지를 보여주는 서정의 나침반이라고 하겠다. 깊은 골짜기에서 발원하여 점점 더 넓은 곳으로 흘러내려가는 '모성적 생명의 물줄기'가 임영희가 보여주는 시 세계의 흐름이자 양상이기 때문이다.

>탱자나무 억센 가시도
>할머니 앞에서는
>순한 가시가 되었다
>
>가시를 코끝에 대고
>콧김으로 소독하는 할머니
>
>상처가 곪아 오르면
>탱자가 노랗게 익을 때까지
>기다리자고 하다가
>
>소독한 탱자 가시로
>곪은 고름 터트려 짜내 주었다
>
>그 많던 상처
>노란 탱자가 삼켜버렸는지

흔적도 없다

　　　　　　　　　　　—「탱자나무」 전문

　시집 제일 앞에 배치된 이 시는 여러모로 시사하는 바가 크다. 모성적 서정의 근원이 무엇이며 그것의 생태가 어떤 것인지를 보여주고 있기 때문이다.

　누구나 어릴 적부터 할머니를 보고 자란다. 그러나 그 할머니는 할머니이기 이전에 어머니요, 어머니라고 부르는 자식들이 있다. 그래서 한 개인의 기준으로 보면 어머니가 있고 그 위로 할머니가 있겠으나, 각각의 개인 기준으로 보면 모두가 다 어머니다. 그러나 존재적으로 한 개인은 자기를 중심으로 해서 관계 설정을 하기 때문에 어머니의 어머니인 그 어머니를 할머니라고 부르는 것이다.

　모성의 근원적 출발을 보여주는 할머니는 "가시"라는 환경과 그 "가시"를 다스리는 자세와 심성을 함께 보여준다. 존재 자체는 그 스스로 자신의 존재성을 드러내기가 어렵다. 반드시 사람이든 환경이든 외부적인 요인이 있어야 한다. 그러면서 존재성을 위협하는 반존재성이면 더욱 좋다. 그것이 바로 가시다. 할머니는 가시를 이용할 줄 알았고 나아가 다스릴 줄도 알았다. "탱자나무 억센 가시도/할머니 앞에서는/순한 가시가 되었"기 때문이다.

　가시를 다스리는 방법은 간단하다. "가시를 코끝에 대고/

콧김으로 소독하"면 된다. 가시의 약성이 아직 무르익지 않았다 싶으면 "탱자가 노랗게 익을 때까지/기다리"면 된다. 이것이 바로 할머니가 보여주는 '가시를 다스리는 법'이라는 행위와, 다스림을 수행할 때 반드시 필요한 '인성적 특질로서의 인내'라는 감정이다.

행위와 감정은 떼려야 뗄 수 없는 것으로써 행위가 있으되 감정이 없으면 그 행위는 끝까지 갈 수 없거나 다른 행위로 변질될 수 있고, 감정이 있으되 행위가 없으면 그 감정은 행위의 성취가 없거나 그릇된 행위로 나타날 수 있다. 그런 의미에서 가시를 대하는 할머니의 행위와 감정은 아주 능숙하고도 익숙한 것이라고 하겠다. 덕분에 "상처가 곪아 오르"는 일이 벌어질 때 "그 많던 상처"가 "흔적도 없"이 사라져버리는 것을 보게 되는 것이다.

할머니의 그런 자세는 "하늘과 맞닿은 물 껍질에/배꼽을 만들어 영양을 주입"하고 "물의 피부에 수지침을 거침없이 놓"은 후, "자신을 돌아보면서/내려가야 하는 길을 내려갈 줄"(「강의 문을 열다」) 아는 자연의 이치와 맞닿아 있어 그 미더움이 더욱 크다.

  손자들 뒷바라지에 힘겨우면서도
  꾸벅꾸벅 하얀 광목에
  색실의 숨소리를 수놓아

두루마기 치마저고리가 걸린 벽에

파리가 흔적 남기지 못하도록

횃댓보를 쳐두셨다

할머니 손끝에서 원앙이 날고

매화와 모란꽃이 피고 나비도 날아

방 안에 향기가 가득했다

그 반짇고리 속에 고이 남아 있는

은가락지 한 쌍

―「할머니의 반짇고리」 부분

  모성의 근원을 보여주는 할머니는 가시와 상처로 대변되는 의원 노릇에도 숙련된 솜씨를 발휘했지만, 일에 있어서도 그에 못지않았다. "종일 쉴 틈 없이/일만 했던 할머니"는 "13촉 백열등 아래 앉아" "꾸벅꾸벅" 졸면서도 "밤새 바느질"을 했다. "구멍 난 양말에 알전구를 넣어"서 "박음질"한 것은 바로 "온기" 그 자체였다. 그 결과 "할머니 손끝에서 원앙이 날고/매화와 모란꽃이 피고 나비도 날아/방 안에 향기가 가득했다". 사실 할머니는 가족과 집을 바느질하고 있었던 것이다. 그것을 "반짇고리 속에 고이 남아 있는/은가락지 한 쌍"이 증언하고 있다.

'가시와 상처' 그리고 '일과 뒷바라지' 이 두 가지는 모성에 있어서 필연적으로 함께한다. 가시와 상처를 처리할 줄 아나 일과 뒷바라지로써 받쳐주지 않는다면 가시와 상처를 해결하는 순간에 또 다른 아픔이 발생한다. 일로써 뒷바라지를 한다고 해도 아플 때 다독여주지 못한다면 그 아픔은 더욱 곪아 뒷바라지를 제대로 보지 못하게 한다. 그래서 할머니의 손에 들린 가시와 바늘이 빛나게 보이는 것이다. 할머니와 할아버지 사이에 "불 달군 송곳으로 앞코에 구멍 뚫은 정표"(「마당가에 버려진 고무신 한 짝」)가 존재하는 것도 그에 대한 방증이다.

> 내가 세상에 입적되기 전부터
> 수돗가에 자리 잡은 무화과는
> 꽃을 함부로 보여주지 않았다
>
> 많은 식구들의 눈빛 세례에
> 진달래 빛깔 입술을 벌리며
> 수줍게 이야기하기 바빴다
>
> 누군가의 입속에
> 달빛의 맛과 바람의 맛을
> 아무도 모르게 전해주었고

꽃의 맛도 우려내었다

내 차례가 오지 않아 아 에 이 오 우
입술을 풀지 않은
설익은 무화과를 따 먹었을 때는
입 안이 얼얼하기도 했다

어떤 음식 맛도 알 수 없도록
혹독하게 걸린 마술도
부드럽게 풀어주었다

꽃밭에 맨드라미 달리아 수국이
엄마랑 어우러져
풍경화 속 그림이 되어주던 그곳

잘 익은 무화과를 따면
엄마 젖이 뚝뚝 떨어졌다

―「무화과」 전문

  할머니가 가신 후 자연스럽게 어머니가 등장한다. 할머니의 딸이었던 어머니는 자신의 어머니를 닮았다. 할머니가 가시와 바늘을 가지고 일하는 모습을 손주들에게 시각적으로 각인시켰다면, 어머니는 그 속성을 물려받았으면서도 할머니와는 또 다른 자기만의 속성인 미각으로 어머니라는 존재를 각인시킨다. 이것은 개인의 역할이나 재주에 기인했다기보다는 할머니와 어머니라는 존재의 특성으로 인해 자연스럽게 부여된 역할이다. 할머니도 젊었을 때는 어머니처럼 미각적으로 일했을 것이고, 지금의 어머니도 할머니가 되면 시각적으로 일하게 될 것을 추론하기란 그리 어렵지 않다.

어머니는 자식들에게 입과 관련된 먹는 일로 기억된다. 그러면서도 할머니의 속성을 물려받아 치유하고 뒷바라지하는 두 가지 역할을 그대로 수행한다.

막내로 보이는 시적 화자인 나는 "내가 세상에 입적되기 전부터/수돗가에 자리 잡은 무화과"를 시샘했을까. "꽃을 함부로 보여주지 않았"고 "누군가의 입속에/달빛의 맛과 바람의 맛을/아무도 모르게 전해주었"으나 막내의 "차례"는 주지 않아서 "입술을 풀지 않은/설익은 무화과를 따 먹었을 때" 막내의 "입 안이 얼얼하기도 했다". 그때 "어떤 음식 맛도 알 수 없도록/혹독하게 걸린 마술도" 어머니는 "부드럽게 풀어주었다". "엄마 젖이 뚝뚝 떨어졌다"는 마무리의 울림이 그래서 크다.

> 볕이 모여 노는 곳에 자리한 장독대는
> 엄마의 숨은 공부방

육덕진 엉덩이를 쳐들고 있던
두꺼운 항아리 전집
봄볕이 꼼지락거릴 때쯤이면
입 안 가득 하늘을 채운다

설이 지나고 손 없는 말날이 되면
엄마는 일 년 동안 공부할 책을
그 많은 항아리 속에 가득 채웠다

소금물을 찍어 책을 넘기면서
메주에 메모를 하고
지나가는 바람이랑 내려보던 햇살도 넣고
버선을 그려 책갈피도 끼웠다

볕이 놀러 오기 좋은 곳에 자리 잡은 장독대
그 옆에 흐르는 구름을 담고 있던 두멍
물구나무서고 있던 방구리도 꽂아두었다

햇볕을 필사하고
바람과 비를 피하는 법을 기록한
간장 된장 항아리
농익은 표지를 보여주고 있다

하얀 무명 지우개로 묵은 때를 닦아내며

힘든 마음에 평온한 글자를 간직했던 엄마

그 서재에서 간장 한 권

된장 한 권을 읽고 자란 나

자서전을 자식들에게 고이 물려준다

─「엄마의 서재」 전문

  할머니에게 가시와 바늘이 있었다면 엄마에게는 "젖"과 "장"이 있었다. 할머니처럼 엄마도 "젖"으로 치유했고 "장"으로 키웠다. "장독대는/엄마의 숨은 공부방"이어서 엄마는 "두꺼운 항아리 전집"에 '꼼지락거리는 봄볕'과 "하늘"을 가득 채웠다. 추운 겨울에도 엄마의 공부는 쉬임이 없어 "일 년 동안 공부할 책을/그 많은 항아리 속에 가득 채"워 펼쳐보곤 했다. "소금물을 찍어 책을 넘기면서/메주에 메모를 하고/지나가는 바람이랑 내려보던 햇살도 넣고/버선을 그려 책갈피도 끼웠"던 엄마의 꾸준한 공부 덕분에 "햇볕을 필사하고/바람과 비를 피하는 법을 기록한/간장 된장 항아리"가 어느덧 "농익은 표지를 보여주"게 되었다. 그렇게 되기까지의 과정과 결과가 어찌 편하기만 했을까. "떫은맛을 품은 채 배꼽만 남기고/발밑에 누워버린 풋감들"을 바라보면서 "어미는 허공만 바라보며 살이 까맣게"(「감나무 다큐」) 타들어 가기도 했을 것이다.

 그런 엄마를 바라봤던 자식이 기억하는 엄마의 모습은 "하얀 무명 지우개로 묵은 때를 닦아내며/힘든 마음에 평온한 글자를 간직했던 엄마"였다. 그래서 엄마의 "서재에서 간장 한 권/된장 한 권을 읽고 자"랐기에 엄마가 남겨놓은 "자서전을 자식들에게 고이 물려"주기로 결심하며 그렇게 엄마가 되어 살아가는 것이다.

 엄마의 장은 엄마의 젖과 더불어 엄마의 특성을 그대로 대변한다. 즉, 젖으로 치유하고 장으로 키우는 엄마의 마음과 손길을 그대로 드러낸다. 장에는 음식 전체를 가리키는 대표성이 있다고 볼 때 장은 음식 전반, 나아가 집과 가족 전체를 아우르는 말이 된다. 왜냐하면 엄마에게 있어서 "밥은 서로를 연결하는 고리"이자 "마음을 나눠 먹는 것"(「따뜻한 밥상」)이기 때문이다. 따라서 엄마의 서재인 장독대에서 엄마가 장을 담그며 일 년 내내 공부한 것은 "마음을 나눠 먹는" 것이었다.

> 둥글둥글한 눈물방울도
> 짜디짠 씨앗 하나쯤 품고 있다
>
> 아픈 상처 스스로 치료하고 기다리면
> 독한 가시 물러지는 줄 알았는데

뱉어낸 말에 찔려
눈물 소금 먹다 보니 바늘 하나 돋았다

물방울이 떨어져 찢긴 시간들이 깃발을 단다

파랗게 달려든 가시광선은 나뭇잎을 주시하고

새 한 마리 우듬지에 앉아
물방울 꿀컥 삼키고 날아간다

돋아나려는 가시 꼭꼭 밟았다
— 「물방울에도 가시가 있다」 전문

 엄마는 "안방에 누워버"렸고 "다시는 우물물을 길으러 가지 못했"으나 자식들은 "엄마의 우물을 들여다보며 성숙해갔다". 엄마는 그렇게 자식들이 "거센 바람을 맞서며 견디어 나갈 수 있도록/늘 옆에 있어 주었다". "보조개 속에/잠들어 있던 엄마가 일어나/활짝 웃"(「볼우물에 잠든 달」)어주는 힘으로 자식은 엄마가 되어갔다.
 경험해보지 않고서는 알 수 없는 것이 삶의 이치던가. "둥글둥글한 눈물방울도/짜디짠 씨앗 하나쯤 품고 있다"는 것을 깨닫게 되었을 때 "아픈 상처"와 "독한 가시"를 발견하게 되었다. 사람들이 "뱉어낸 말에 찔려" 생겨난 것들은 "스스로 치료하고 기다리면" "물러지는 줄 알았는데" 도무지 그럴 기미가 보이지 않는다. 그러나 가시로 인해 돋아난 물방울을, 가시가 자라고 있는 그 물방울을 "꿀꺽 삼키"기로 한다. "돋아나려는 가시 꼭꼭 밟"아주면서 말이다.

'눈물과 씨앗'과 '가시와 말'의 관계는 "가슴에 보관한 씨앗을 뿌리고/무늬를 찍어내는 말"(「언어의 온도」)의 관계와 같다. "채워지지 않는 일상의 말" 속에서 "남의 구김까지 펴려 하"는 것은 치유책이 될 수 없다. 그저 "모든 것이 내 탓"이라 여기며 "적정 온도로 주름을 잘 펴"면서 자신의 "구겨진 마음"(「다리미」)을 다리는 수밖에 없다. "식었던 가슴을 데워"(「언어의 온도」)주는 것이 무엇보다 필요하니까.

그러다보니 "감정을 재배하는 농장은 몇 평이나 될"지, 나아가 "바라보는 사람에게서 거둘 것은 얼마나 될"(「감정재배농장」)지에 관심을 기울이게 된다. 감정의 다스림이란 자신보다 타인을 통해 극대치를 이룬다. 타인과의 관계에서 벌어진 일을 통해 감정을 재배하는 것이 진실한 자세다. 그 감정농장의 수확은 어떠할까. "팔다리가 밟혀도 벌러덩 누워 그저 웃기만 하"면서 "뿌리라도 남겨두고 떠나면 잘산 것"(「풀잎은 꿈꾸지 않는다」)이다. 이것은 체념으로 비칠 수도 있으나 "잡초보다 강한 아낙이 호미를 다룬다"(「호미」)는 말에 비춰보면 단단한 감정의 극기가 된다.

그리하여 내면의 감정농장이 외면의 텃밭으로 건강하게 전이되면서 '눈물 속에 있던 씨앗'과 '가슴속에 있던 씨앗'이 "손바닥보다 작은 텃밭에"도 "싹트고 있다"는 것을 보게 된다. "몇 이랑 되지 않는 곳에/이름 주소 전화번호를 뿌리고/약력과 잘 섞은 흙을 덮어"둔 후 "공들인 만큼/날마다 푸르러 가는 나의 텃밭"(「푸르른 명함」)을 보는 것이란 얼마나 흐뭇한 일인가. 그 텃밭에서 "생각이 다른 사람들과 마주칠 때면/충돌을 일으켜 무너지고 파이기도 하지만/알맞은 거리를 두면"서, 동시에 "부딪히지 않고 무난히 살아"가면서 "곁을" 주기 위해 "마음의 거리"를 "어림짐작으로 덮으며"(「마음의 거리」) 사는 일이 즐겁다.

그 곁에 남편이 있다. "검은 정장에 하얀 와이셔츠를 입은 남편"을 "최고의 파트너로 내 곁에"(「클라리넷」) 둔 이후 "눈깜짝할 사이에 맞이한 석양"이 되었어도, "잔잔한 노래를 부르는 당신의 얼굴/주름살도 아름답게 빛"난다고 "때로는 아무것 없어도/흔들리지 않는 줄 하나//가장 아름다운 수평선이 걸려 있"(「이마엔 수평선」)다고 노래한다. 나아가 "갈매기 두 마리 훨훨 날고/불빛은 암초를 비켜가도록/수평선을 넘고 있는 밤//이 빛이 꺼지는 날까지 서로의 등대"(「세레나데」)라는 사실을 확인한다.

그 곁에 자식들도 있다. "송곳니로 껍질을 뚫고 나온 새싹"(「봄 공작소」) 같은 자식들은 어머니에 의해 "흙담 뒤꼍에 걸린/대장장이 땀 섞인 호미 형제들"(「호미」)로 키워졌다. 그런 자식들이 모인 잔칫날에 "홍시를 으깬 물감으로 그린/노을을 배경으로/가족사진"(「빨랫줄에 걸린 노을」)을 찍어본다. 어머니만이 찍을 수 있는 서정 사진이다. 자식들의 가슴은 가족사진이 가득한 서정 앨범이 된다.

이렇듯 임영희는 '모성으로 물려받은 가족사'와 '모성으로 일궈내는 가족사'라는 두 축을 기둥으로 삼고, '가족'과 '서정'이라는 화두를 씨줄과 날줄로 삼아 직조해낸 모성적 서정의 시 세계를 보여주었다. 첫 시집 『엄마의 서재』가 가족의 따뜻하면서도 훈훈한 서정을 되새기는 계기가 될 것을 믿으며, 이 바탕 위에 풀어낼 다음 여정을 기대한다.

이 도서의 국립중앙도서관 출판시도서목록(CIP)은 서지정보유통지원시스템 홈페이지
(http://seoji.nl.go.kr)와 국가자료공동목록시스템(http://www.nl.go.kr/kolisnet)에서
이용하실 수 있습니다.(CIP제어번호: CIP2018028184)

문학의전당 시인선 0290

엄마의 서재

ⓒ 임영희

초판 1쇄 인쇄　2018년 9월 1일
초판 1쇄 발행　2018년 9월 7일
　　지은이　임영희
　　펴낸이　고영
　책임편집　서윤후
　　디자인　헤이존
　　펴낸곳　문학의전당
　　출판등록　제2017-000002호
　　　주소　서울시 마포구 마포대로 11길 91, 3층
　　　전화　02-852-1977　팩스　02-852-1978
　전자우편　sbpoem@naver.com

　　　ISBN　979-11-5896-385-9　03810

＊이 책의 판권은 지은이와 문학의전당에 있습니다.
＊양측의 서면 동의 없는 무단 전재 및 복제를 금합니다.
＊잘못 만들어진 책은 바꿔드립니다.